Meditación

Técnicas Simples De Meditación Para Alcanzar Tu Máximo Potencial
(Las Mejores Técnicas De Meditación Para Reducir El Estrés Y La Ira)

Livio Pena

Publicado Por Daniel Heath

© **Livio Pena**

Todos los derechos reservados

Meditación: Técnicas Simples De Meditación Para Alcanzar Tu Máximo Potencial (Las Mejores Técnicas De Meditación Para Reducir El Estrés Y La Ira)

ISBN 978-1-989808-38-2

Este documento está orientado a proporcionar información exacta y confiable con respecto al tema y asunto que trata. La publicación se vende con la idea de que el editor no esté obligado a prestar contabilidad, permitida oficialmente, u otros servicios cualificados. Si se necesita asesoramiento, legal o profesional, debería solicitar a una persona con experiencia en la profesión.

Desde una Declaración de Principios aceptada y aprobada tanto por un comité de la American Bar Association (el Colegio de Abogados de Estados Unidos) como por un comité de editores y asociaciones.

No se permite la reproducción, duplicado o transmisión de cualquier parte de este documento en cualquier medio electrónico o formato impreso. Se prohíbe de forma estricta la grabación de esta publicación así como tampoco se permite cualquier almacenamiento de este documento sin permiso escrito del editor. Todos los derechos reservados.

Se establece que la información que contiene este documento es veraz y coherente, ya que cualquier responsabilidad, en términos de falta de atención o de otro tipo, por el uso o abuso de cualquier política, proceso o dirección contenida en este documento será responsabilidad exclusiva y absoluta del lector receptor. Bajo ninguna circunstancia se hará responsable o culpable de forma legal al editor por cualquier reparación, daños o pérdida monetaria debido a la información aquí contenida, ya sea de forma directa o indirectamente.

Los respectivos autores son propietarios de todos los derechos de autor que no están en posesión del editor.

La información aquí contenida se ofrece únicamente con fines informativos y, como tal, es universal. La presentación de la información se realiza sin contrato ni ningún tipo de garantía.

Las marcas registradas utilizadas son sin ningún tipo de consentimiento y la publicación de la marca registrada es sin el permiso o respaldo del propietario de esta. Todas las marcas registradas y demás marcas incluidas en este libro son solo para fines de aclaración y son propiedad de los mismos propietarios, no están afiliadas a este documento.

TABLA DE CONTENIDO

Parte 1 1

Introducción 2

¿Qué Es La Meditación Y Como Puedes Meditar? 4

COMO MEDITAR 6

Técnicas De Meditación Para Alcanzar La Felicidad Y Paz Interior 7

MEDITACIÓN TRASCENDENTAL (MANTRA) 7
VISUALIZACIÓN 8
MEDITACIÓN CAMINANDO 10
MEDITACIÓN RESPIRATORIA 11
MEDITACIÓN ESPIRITUAL 13
MEDITACIÓN EN MOVIMIENTO 14
USANDO UN OBJETO VISUAL 15
MEDITACIÓN GUIADA 16

Cómo Prepararte Para La Meditación 19

ELIGE EL LUGAR 19
ELIGE UN MOMENTO CONVENIENTE 21
VÍSTETE CON ROPA CÓMODA 24
SELECCIONA UNA POSTURA 25
TEN UN PROPÓSITO 26
MANTÉN TUS OJOS CERRADOS 27
NO COMAS MUCHO NI MUY POCO 28
CREA UNA ATMÓSFERA FAVORABLE 29
COMPROMÉTETE CON EJERCICIOS DE CALENTAMIENTO 29
RESPIRA PROFUNDO 30
COMIENZA CON UNA IMAGEN AMPLIA 30
CREA COMPARTIMENTOS 31
ANOTA TUS PENSAMIENTOS 32
CREA TU PROPIO ESPACIO DE MEDITACIÓN 32
DATE TIEMPO 33
MEDITA A LA MISMA HORA 34

CALMA EL ESTRÉS ANTES DE MEDITAR 34
EVITAR TOMAR Y FUMAR ANTES DE LA MEDITACIÓN 35

Conclusión 38

Parte 2 40

Introducción 41

Los Beneficios De La Meditación 42

7. CHAKRA CORONA (COLOR VIOLETA) 44
6. CHAKRA DEL TERCER OJO (COLOR ÍNDIGO) 45
5. CHAKRA DE LA GARGANTA (COLOR AZUL) 45
4. CHAKRA DEL CORAZÓN (COLOR VERDE) 46
3. CHAKRA DEL PLEXO SOLAR (COLOR AMARILLO) 48
2. CHAKRA SACRO (COLOR NARANJA) 48
1. CHAKRA DE LA RAÍZ (COLOR ROJO) 49

Cómo Meditar Correctamente En 5 Sencillos Pasos 51

PASO 1: ENCUENTRA UN LUGAR Y MOMENTO ADECUADOS 51
PASO 2: ESCOGE LA POSTURA APROPIADA 53
PASO 3: SINTONIZA TU ESTADO MENTAL 56
PASO 4: ENFÓCATE EN TU RESPIRACIÓN 61
PASO 5: ALCANZA UN NIVEL DE MEDITACIÓN SUPERIOR 64

Diferentes Formas De Meditar Y Sus Beneficios................. 66

MEDITACIÓN DE SANACIÓN ENERGÉTICA 67
MEDITACIÓN DE MANTRA UNIVERSAL.. 68
MEDITACIÓN DE RELAJACIÓN 69

Conclusión 71

Parte 1

Introducción

Todos queremos vivir una vida feliz y libre de estrés; sin embargo, la mayoría de la gente no sabe cómo hacerlo. La mayoría de la gente simplemente piensa que para vivir una vida más feliz necesitas poseer muchas cosas. Esto es entendible, porque como seres humanos hemos cometido el error de pensar que podemos ser felices y dejar una vida pacífica y libre de estrés una vez que tenemos todo lo que necesitamos. Sin embargo, esto es bastante erróneo. Hasta que no entiendas que la felicidad no viene de lo que posees sino más bien de adentro, estarás constantemente buscando cosas que te hagan feliz, y créeme, nunca lo serás.

La única manera de alcanzar la felicidad es encontrar la paz interior, que viene de meditar e invertir algunos minutos a diario para calmar tu mente de todos los placeres y tensiones de la vida.

Puede que sepas que la meditación es crucial si quieres alcanzar la felicidad; sin embargo, el mayor problema es que la mayoría de la gente no sabe por dónde empezar cuando se trata de meditación. Este libro es solo para ti, ya que aprenderás las diferentes técnicas de meditación disponibles, que hacer antes de poder meditar y como salir del estado de meditación.

¿Qué es la meditación y como puedes meditar?

Muchas personas alrededor del mundo lanzan la palabra "meditación" simplemente para referirse a "pensar en algo". Sin embargo, la meditación va mucho más profundo que eso: denota ese estado del ser que te permite vaciar tu mente, mirar hacia el interior y despertar tu conciencia interior de tal manera que seas capaz de provocar efectos positivos en tu vida. La meditación es un proceso que se enfoca en una cosa en particular, mientras todo lo demás se atenúa hacia su inexistencia. Adicionalmente, los beneficios que acarrea la meditación hacen que el proceso valga la pena. Algunos de los beneficios de la meditación son:

1. Ayuda a normalizar tu presión sanguínea
2. Reduce en gran medida tus niveles de estrés
3. Te ayuda a eliminar el insomnio y dormir mejor
4. Mejora tu memoria e incrementa tu

funcionamiento cerebral
5. Te da calma interior y te ayuda a alcanzar la paz interior
6. Produce felicidad que viene desde adentro
7. Aumenta tu fuerza de voluntad y te ayuda a alcanzar tus metas
8. Disminuye el riesgo de depresión, especialmente en adolescentes y mujeres embarazadas
9. Te ayuda a entenderte y desatar tu potencial
10. Mejora tu salud en general y reduce el riesgo de enfermedades tales como derrame cerebral y ataque cardíaco.

Los beneficios de la meditación suenan maravillosos, ¿verdad? ¡Claro que lo hacen! La meditación es buena para ambas, tu salud física y mental. Y ciertamente significa buenas noticias para tu billetera, ya que no tendrás que gastar dinero en curar enfermedades. Sin embargo, esto puede hacer que te preguntes cómo meditar para experimentas los maravillosos beneficios. Bueno, ¡no busque más!

Como meditar

Hay una manera fácil de empezar con la meditación. Esto es:
1. Sentándote o recostándote sobre una superficie plana.
2. Asegurándote de que tus ojos están cerrados (para evitar distracciones).
3. Respirando naturalmente, de la manera en que lo haces habitualmente.
4. Concentrándote en tu respiración, la manera en la que inhalas y exhalas, sin intentar modificarla. Si eres principiante, comienza con un período de tres minutos o menos y luego incrementa gradualmente el tiempo de meditación.

Esta es una forma simple en la que puedes alcanzar la meditación. Sin embargo, existen otras maneras en las que puedes meditar. Estas maneras dependen del tipo de técnica de meditación que uses. Ten presente que la meditación ha existido por siglos, y a través de los años han nacido varias técnicas. El próximo capítulo da un vistazo a diferentes técnicas de meditación que puedes utilizar.

Técnicas de meditación para alcanzar la felicidad y paz interior

Hay una cantidad de técnicas de meditación diferentes a tu disposición. Puedes evaluar las diferentes técnicas y elegir las que se adaptan mejor a ti.

Meditación trascendental (Mantra)

Probablemente ya estás familiarizado con la meditación trascendental, también conocida como meditación mantra. Es una técnica de meditación que a menudo se muestra en televisión y películas en las cuales un monje está meditando, repitiendo constantemente el sonido "om". La meditación mantra te involucra repitiendo una y otra vez un sonido, palabra, o incluso una frase que eliges para alcanzar un nivel más profundo de conocimiento y conciencia. Practica la técnica del Mantra de la siguiente manera:
1. Decide la palabra, sonido, o frase que usarás. Asegúrate de que no es demasiado larga, ya que la usarás una y otra vez, y no quieres perder la

concentración. Una sola palabra como "calma" es suficiente.
2. Silenciosamente repite tu palabra elegida y siéntela mientras se mueve en tu mente. Si tu mente tiende a desviarse de repetir el mantra, vuelve a concentrarte en tus pensamientos y continúa con la palabra. El mantra que eliges trabaja para provocar una desconexión entre tus pensamientos y tú creando vibraciones mentales.
3. Sigue repitiendo el mantra hasta que no sea necesario: es decir, hasta que alcances el estado de una conciencia profunda.

Visualización

La mente humana tiene la habilidad de visualizar y crear espacios que son únicamente tuyos. Este es el concepto que utiliza la técnica de visualización. Te llama a visualizar un lugar seguro que tu creas (puede ser basado en un lugar real, pero tu deberías modificar los detalles para reflejar tu personalidad y que eres único).

Mientras usas esta técnica deberías:

1. Visualiza el lugar y reclámalo como tu lugar de serenidad o como un lugar seguro: tu santuario único. Este es el lugar en tu mente donde solo tú tienes control.
2. Comienza una aventura mientras exploras este lugar que has creado en tu mente. Usa tus sentidos para ver, oler, e incluso saborear. Una vez que creas el santuario inicial no necesitas estar constantemente sumándole detalles. En cambio, deja que las imágenes salgan del fondo de tu mente: ve lo que no has puesto conscientemente.
3. Una vez que termines de explorar o cuando quieras abandonar el lugar, no lo hagas tan abruptamente. En cambio, tómate el tiempo para respirar profundamente. Abre tus ojos despacio y vuelve al mundo físico. Después puedes decidir si mantienes el lugar como tu santuario o construyes uno nuevo en tu próxima meditación.

Meditación Caminando

La meditación caminando no implica solo caminar como normalmente lo haces. No, involucra una técnica que deberías usar para alcanzar las metas de tu meditación. Una forma en la que difiere de tu caminata normal es que es una técnica de meditación, y en vez de concentrarte en moverte de un lugar a otro, te concentras en la conexión entre tu cuerpo y pies con la tierra. Necesitas:

1. Encontrar una locación cómoda para llevar adelante tu meditación. Debería ser un área lo suficientemente larga para asegurarte de que no estés constantemente doblando esquinas: debería ser, por lo menos, mayor a seis pasos. También deberías asegurarte de que la locación esté libre de objetos cortantes o protuberantes que puedan hacerte tropezar.
2. Luego de que encuentres un cómodo camino para caminar, junta las manos en tu parte delantera y mira hacia adelante: no mantengas la vista en tus pies o en donde pisas. Comienza tu

caminata meditativa moviendo un pie y luego parando antes de continuar de la misma manera: mueve un pie, detente un momento, luego mueve el otro pie. No muevas tus pies al mismo tiempo: detén un pie antes de mover el otro. Mientras caminas, concéntrate solo en el movimiento de tus pies.
3. Al final de tu camino, quédate quieto antes de girar tu pie derecho. Usa la misma técnica de caminata que usaste en el punto de inicio.

Meditación respiratoria

Respirar es algo en lo que inusualmente pensamos y sin embargo sin ella no estaríamos en condiciones de pensar en lo absoluto. La facilidad con la que nuestro cuerpo realiza la función de respirar, hace a la meditación respiratoria una de las técnicas de meditación más básicas con la que los principiantes pueden aprender. Esta técnica solo requiere que respires y concentres tu atención en esa actividad en particular. Aquí se describe como lo haces:

1. Visualiza tu estómago en tu cabeza (no mires a tu estómago real). Luego, acércate a un área particular sobre tu ombligo que servirá como tu punto focal: el punto donde concentrarás tu atención.
2. Respira como lo haces normalmente visualizando tu punto focal y cayendo con cada respiración que tomas. No comiences una crítica sobre tu patrón de respiración o trates de cambiar tu patrón de forma consciente. En cambio, solo nótalo sin tomar alguna acción para cambiarlo o compararlo.
3. Si encuentras difícil concentrarte en tu punto focal (el punto sobre tu obligo), utiliza una imagen para hacer la visualización más vívida. Imagina una flor posada sobre tu punto focal: visualiza como se despliega y vuelve a plegar con cada exhalación e inhalación respectivamente. Usa una imagen que represente tu respiración sin interferir con ella. Por ejemplo, si utilizas la imagen de un globo, quizás te sientas tentado a poner más aire en él,

cambiando inconscientemente el patrón de tu respiración.

En caso de que tu mente deambule por otras cosas, tráela de vuelta a tu respiración y continúa desde allí.

Meditación espiritual

La espiritualidad es un concepto con el que la mayor parte de la gente en el mundo está familiarizada. Incluso aquellos que no van regularmente a lugares para rendir culto tienen una idea de cómo rezar. La meditación espiritual es básicamente una extensión de tu plegaria. Sin embargo, en vez de cerrar el rezo e irte, lo continúas con un período de tranquilidad: simplemente sentándote quieto. Para comenzar tu meditación espiritual, deberías:

1. Encontrar un área cómoda donde estés libre de distracciones. Si estás en tu casa, elige un lugar tranquilo y apaga la radio y la televisión. Si hay otras personas alrededor, hazles saber que no te interrumpan mientras meditas.
2. Imagine el estado de ánimo que

impregna un lugar de culto y deja que los sentimientos te bañen. Esto pondrá tu mente en un marco espiritual. Puedes cantar o tararear algunas canciones, o leer un verso de un libro religioso antes de decir la plegaria.

3. Di tu plegaria usando palabras familiares de oraciones o diciendo una oración fresca con tus palabras como van saliendo. Cuando termines de rezar, quédate donde estás y continúa meditando.

Meditación en movimiento

Si has estado inmóvil la mayor parte de tu día, probablemente no quieras oír sobre permanecer inmóvil un rato más para meditar. Afortunadamente no tienes que hacerlo, ya que existe una técnica de meditación que involucra movimiento. De hecho, la meditación caminando ya discutida entra dentro de esta categoría. La meditación en movimiento puede también involucrar actividades como limpiar la casa, jardinería, bicicleta, o

incluso yoga. Deberías:
1. Elegir una actividad que requiera que te muevas.
2. Concéntrate en los movimientos que requiere esa actividad y nada más. Por ejemplo, si estás limpiando tu casa, concéntrate en como el cepillo se mueve sobre la superficie que estás limpiando.

Esta es una de las formas más fáciles de meditar porque no tienes que sentarte, sino solamente concentrarte en lo que estás haciendo y alcanzar la paz interior. Mientras que es muy fácil de realizar, también puede ser bastante distractora; por lo tanto, debes ser disciplinado para concentrarte en los movimientos de la actividad en vez de en lo que vas a hacer después.

Usando un objeto visual

Este tipo de técnica de meditación involucra el uso de un objeto visual para ayudarte a alcanzar un nivel de consciencia más profundo. Mantiene los ojos abiertos y concéntrate en el objeto visual que elijas. Lo primero que necesitas hacer es:

1. Decide que usar como tu objeto visual. Este es el objeto en el que te vas a concentrar mientras meditas. Puedes encender una vela y concentrarte en su llama o puedes seleccionar una piedra o incluso una flor a la cual mirar. Se cuidadoso cuando seleccionas imágenes, ya que no quieres que tu mente comience a analizar las imágenes.
2. Lo segundo que necesitas hacer es ubicar el objeto donde puedas verlo con facilidad sin doblarte o estirarte.
3. Ahora puedes comenzar a mirar tu objeto visual. Concéntrate en él y no permitas que tus ojos se distraigan. El propósito es tener tu visión consumida por el objeto y nada más. Esto te ayudará a llegar a ese lugar sereno que se alcanza con la meditación.

Meditación guiada

Si no estás seguro por donde comenzar o

qué técnica utilizar, puedes optar por la meditación guiada. La meditación guiada es una técnica de meditación que involucra el uso de un guía o profesional que te ayude en tu viaje meditativo. Puede emplear una de las técnicas de meditación ya mencionadas, pero la única diferencia es que hay alguien más guiándote, por eso su nombre. Puedes hacerlo de la siguiente manera:

1. Buscando clases de meditación en tu zona y evaluándolas para tener una sensación del lugar.
2. Haciendo preguntas sobre las técnicas de meditación que utilizan y eligiendo una clase en la que se vayas a sentir cómodo.
3. Asegurándote de que sigues las instrucciones dadas para ayudarte a meditar.
4. Sin tener miedo de probar diferentes clases y técnicas hasta que te sientas lo suficientemente cómodo para aplicar la técnica solo.

Como has visto, existen muchas técnicas de meditación que puedes usar. Lo que hay que recordar es que sea cual sea la técnica que uses, la técnica debe ayudarte a meditar mejor. Quizás tome un poco de pruebas encontrar una técnica que funcione mejor para ti. Sin embargo, no te apures a descartar la meditación solo porque tienes una dificultad en alcanzarla. Comienza despacio como un principiante y aumenta tu tiempo de meditación a medida que te vayas volviendo mejor en eso. Irás mejorando a medida que continúes practicando la meditación. Sin embargo, saber cómo meditar y la técnica que quieres usar en grandioso, pero también necesitas conocer cómo prepararte para tu meditación.

Cómo prepararte para la meditación

La meditación no es un momento, es un viaje. Y como cualquier otro viaje, necesitas prepararte bien para alcanzar el máximo éxito. Hay varios pasos que puedes tomar para prepararte para la meditación.

Elige el lugar

El lugar que eliges para meditardeterminará tu éxito o fracaso, especialmente como principiante. Esto es porque la meditación se concentra hacia adentro y los estímulos externos actúan para negar ese propósito, ya que te obliga a notar lo que sucede a tu alrededor. Necesitas encontrar un lugar que sea:

1. Tranquilo y acogedor

    El lugar donde tengas la intención de meditar, debería ser un área que te atraiga, que te de ganas de sacarte los zapatos y simplemente relajarte. Puede ser una habitación dentro de tu casa, o un lugar afuera de tu casa. Si utilizarás una habitación dentro de tu casa, asegúrate de que esté bien ventilada. Las puertas y ventanas deberían estar aseguradas para prevenir que golpeen, ya que esto interfiere con tu meditación. Si meditarás afuera, asegúrate de que no es frecuentado por pájaros o terminarás con caca de pájaro.

2. Calmo

   El lugar que elijas debería ser relativamente calmo para permitir que te concentres en tu meditación. Apaga aparatos como la radio y el televisor ya que pueden distraerte, especialmente si tiendes a escuchar con oído crítico. Sin embargo, puedes meditar en lugares con poco ruido, especialmente si son sonidos a los que estás acostumbrado, por ejemplo un reloj, un perro ladrando, o incluso puedes tener sonando música suave (el sonido debería ser lo suficientemente bajo de manera que tu cerebro no se enfoque en las palabras que están cantando). La meditación requiere que botes ruidos sin dejarlos ser el centro de tu atención.

3. Cómodo
Durante la meditación quizás quieras recostarte, sentarte sobre un felpudo o en una silla. Necesitas encontrar un lugar donde puedas convenientemente acomodarte de la manera que desees. Si quieres recostarte en una cama, sería incómodo tener que llevar tu cama afuera cada vez que quieras meditar. Si quieres sentarte en una silla en especial, podrías ubicarla en un lugar que pueda servir como tu área de meditación.

Elige un momento conveniente

Elegir un momento conveniente es importante, ya que ayudará mucho a relajar la mente para que pueda concentrarse en su meditación. Un momento conveniente podrían ser algunos minutos después de despertarte o unos minutos después de que se ponga el sol.

Algunas personas meditan a la hora del almuerzo, dado que ese es el momento conveniente para ellos. Si estás con otras personas, quizás quieras meditar temprano en la mañana antes de que los demás se despierten. Además de elegir un momento conveniente:

1. Determina el período de tiempo para tu meditación

    El tiempo que te tomes para meditar dependerá del estado en el que estés en tu meditación. Si aún eres un principiante, deberías comenzar con un período de tiempo menor a cinco minutos. A medida que vayas mejorando en meditar, incrementa gradualmente el tiempo de tu meditación. Incluso aquellos que están muy familiarizados con la meditación, no van más allá de los veinte minutos. Sin embargo, quizás mediten un par de veces en un día.

2. Síguelo

    Por lo general, cuando comienzas algo y no funciona, te puedes ver tentado a disminuir tu meta. Si te fijas una meta de cuatro minutos pero solo logras meditar por tres minutos, no reduzcas tu tiempo. Solo mantén tu meta de cuatro minutos y esfuérzate por alcanzarlos en tu próxima meditación. Ten en mente que cuando eres nuevo en algo necesitas seguir con ello hasta que mejores y te resulte más fácil.

3. Sigue el tiempo sutilmente
Mantener el tiempo cuando estás haciendo una actividad puede jugar en tu contra si se convierte en una distracción en sí mismo. Si sigues controlando el tiempo, entonces estás interfiriendo con tu meditación y trabajando en contra del propósito de meditación en primer lugar. No uses un reloj. En cambio, pon una alarma con el tiempo que quieres cubrir. Asegúrate que la alarma no sonará muy fuerte sino muy suave, para que no te saque abruptamente de la meditación.

4. Minimiza las posibilidades de

perturbación

Muchas personas, especialmente principiantes, encuentran su meditación interrumpida debido a la molestia de otras personas. Puedes encontrar que una vez que comienzas a meditar, el teléfono suena o alguien tiene una pregunta. Puedes evitar esto haciéndoles saber que no te pueden interrumpir en ciertos momentos, ya que no estarás disponible. Esto puede requerir que apagues tu teléfono pero recuerda encenderlo cuando termines tu meditación.

Vístete con ropa cómoda

Una vestimenta restrictiva puede dañar cualquier actividad. Pero cuando la actividad requiere que te relajes, deberías asegurarte que lo que tienes puesto ni interfiera con tu relajación. Una corbata, un cinturón ajustado, ropa que te corta la circulación en ciertas posturas deberías ser evitadas. Por eso deberías:

- Elegir ropa que no sean ajustadas a tu cuerpo. Pantalones de yoga y una remera deberían ser suficiente. Sin embargo, deberías asegurarte también de tomar en cuenta el clima. Si estás meditando afuera y hace calor, usa ropa liviana. Si el clima está frío, usa un sweater cálido para protegerte del frío.
- Improvisa cuando no tienes la posibilidad de cambiarte con ropa cómoda. Por ejemplo, quizás uses tu oficina de trabajo para meditar cuando estás en un descanso. Si este es el caso, quítate los zapatos, afloja tus botones o tu corbata y cinturón antes de meditar.

Selecciona una postura

Olvídate de las posturas de meditación que ves en televisión, en especial si tu cuerpo no está acostumbrado a tal elongación. Se supone que la meditación se tiene que hacer en una atmósfera relajada, no en una potencialmente dolorosa. Sin embargo, sea cual sea la postura que elijas, deberías por lo menos estar equilibrado y derecho. Puedes:

- Sentarte en una colchoneta o sillón, menos las piernas cruzadas.
- Sentarte en una silla; úsala como tu silla de meditación. Puedes comprar una silla especial solo por el propósito de meditar.
- Recuéstate en una superficie cómoda. Asegúrate que la superficie no es muy dura o terminarás experimentando sufrimiento y dolores luego de que termines con la meditación.

Cualquiera se ala postura que elijas, asegúrate de estar cómodo y de poder mantener la postura durante el período de tu meditación.

Ten un propósito

La meditación nunca ha sido un proceso pasivo. Tienes que esforzarte activamente para concentrar tus pensamientos en un punto singular. No es algo fácil de alcanzar, de ahí el aumento gradual en el tiempo de meditación. Sin embargo, si tienes un propósito, un motivo por el cual comprometerte con la meditación, entonces estarás más concentrado dado que querrás alcanzar ese propósito. Si quieres alcanzar la paz interior y la felicidad a través de la meditación, anticipar los beneficios te mantendrá en el camino aunque experimentes algunas dificultades.

Mantén tus ojos cerrados

Cuando comienzas tu meditación, mantén tus ojos cerrados para bloquear las imágenes a tu alrededor y para ayudar a concentrarte en el interior. Cerrar tus ojos quita la posibilidad de experimentar estimulación visual externa. Sin embargo, algunas personas tienen dificultad para concentrarse con los ojos cerrados y sienten que se están cayendo. Si mantener los ojos cerrados en un problema para ti, puedes meditar con los ojos abiertos o puedes encender una vela y concentrarte en la llama.

Como con la mayoría de las cosas, puedes

hacer cosas para incrementar la efectividad de tu meditación. Estas cosas tienden a ayudarte a meditar por períodos más prolongados de tiempo y entrar a una atmósfera de relajación donde puedes, entonces, concentrarte en una cosa. Para incrementar la efectividad de tu meditación necesitarás hacer algunas cosas.

No comas mucho ni muy poco

La meditación requiere de tu máxima atención. Desafortunadamente, cuando tu estómago está muy lleno, las funciones de tu cuerpo trabajan extra para deshacerse de lo que el cuerpo no necesita. Puedes descubrir que tus sentidos se vuelven más embotados y que te duermes de a ratos. Definitivamente este no es un buen momento para meditar. Por otro lado, si intentas meditar con el estómago vacío, puedes terminar deteniéndote por los dolores por hambre, especialmente si estás meditando por períodos más largos. Por eso, necesitas evitar los dos extremos mientras meditas.

Crea una atmósfera favorable

Algunas personas encuentran más relajante tener un ritual antes de la meditación. Esto quizá incluya hacer cambios al lugar donde meditarán. Pueden encontrar comodidad encendiendo velas, quemando incienso o poniendo música clásica suave. Podrías agregar plantas en maceta a una habitación interna o invertir en una silla de meditación que solo tienes para ese propósito.

Comprométete con ejercicios de calentamiento

Necesitas estirar antes de comprometerte con la meditación, especialmente si has pasado gran parte de tu tiempo en estado sedentario. Ten en mente que la mayoría de las técnicas de meditación requieren que permanezcas quieto por un rato. Si no has estirado tus músculos, quizás no seas capaz de mantenerte quieto ya que te sentirás incómodo. Estira las diferentes partes de tu cuerpo; tus piernas, muslos, cuello, y hombros para ayudar a aflojar tus músculos y quedar relajado.

Respira profundo

Mientras te preparas para la meditación, tómate algunos minutos para adentrarte en la respiración profunda. Inhala profundamente y exhala lentamente. Esto te ayudará a enfocar tu mente y relajar los músculos de tu cuerpo. Te pondrá en una buena posición para comenzar la meditación. Sin embargo, cuando comienzas a meditar, deberías respirar como lo haces normalmente.

Comienza con una imagen amplia

Un requerimiento básico de la meditación es que te concentres en una sola cosa. Sin embargo, esto puede ser difícil si estás acostumbrado a asimilar tu entorno. Tu mente naturalmente quiere explorar e investigar cualquier cosa que esté sucediendo fuera de tu cuerpo. Comenzando con una imagen amplia en lugar de profundizar en una sola imagen puede funcionar para ti. Esto funciona bien especialmente si empleas el uso de un objeto visual en tu meditación. Cuando ubicas el objeto visual, no comiences concentrándote directamente en el. En cambio, mira alrededor y toma el resto de las cosas a tus alrededores. Una vez que termines enfoca tu objeto visual y deja que tus ojos se concentren en él. Esto evitará que te preguntes que más hay en tus alrededores, como ya sabes.

Crea compartimentos

Algo que puede desanimarte de meditar es si constantemente pierdes la concentración mientras meditas. Usualmente, comienzas a meditar y luego algo se te cruza por la mente; una emoción o sentimiento que tiende a desequilibrarte. Cuando esto sucede, reconoce el sentimiento; crea un compartimento mental con su nombre y luego vuelve a tu foco. Cuando haces esto, le estás dejando saber a tu mente que sí, tomaste nota del sentimiento y lo has archivado para investigar más adelante, pero no en este momento.

Anota tus pensamientos

A medida que transcurre tu día, atraviesas situaciones que tienden a afectar tus emociones. A veces cuando algo sucede y te molesta, no eres capaz de expresar tus sentimientos en ese momento en particular o a esa persona en particular. Los sentimientos, sin embargo, volverán más tarde cuando menos te lo esperes. Esto podría pasar cuando meditas y, por lo tanto, prestas atención a tu punto de enfoque. Sin embargo, puedes evitar que los sentimientos se apoderen de tu sesión de meditación anotándolos de antemano. Descarga tus sentimientos en papel cuando tengas la posibilidad y antes de tu sesión de meditación. De esta manera, si los sentimientos florecen mientras estás meditando, puedes gentilmente recordarte que ya los has anotado y que los puedes volver a mirar más tarde. Esto te permitirá colocar tu foco nuevamente en la meditación.

Crea tu propio espacio de meditación

Cuando eliges un lugar para tu meditación,

asegúrate de que es un lugar que puedes seguir utilizando para meditar siempre que quieras. Si utilizas una silla, asegúrate de ubicar la silla en un lugar en particular cada vez y que utilizas esa silla para meditar y para nada más. Esto entrenará tu mente para asociar a esa silla con la meditación, y por eso tu mente estará preparada siempre que te sientes en esa silla.

Date tiempo

Cuando comienzas tu viaje meditativo, puedes encontrar que las cosas no van como pensaste que lo harían. Podrías encontrar que aún no conoces tu tiempo promedio o que no te enfocas bien. No te enojes contigo mismo. Mantén en mente que el propósito de la meditación es colocarte en un mejor marco mental y ayudarte a relajar y alcanzar la paz interior. Date tiempo para ajustarlo y seguir, ya que conseguirás mejores resultados con la práctica.

Medita a la misma hora

Sería mejor para ti meditar a la misma hora cada día. De esta manera, la práctica lentamente se volverá parte de tu rutina diaria. Por ejemplo, cuando te levantas en la mañana, puedes hacer de la meditación un hábito antes de comenzar tu día. Mientras continúes haciendo esto, comenzarás a ver los resultados inmediatos y a largo plazo de la meditación.

Calma el estrés antes de meditar

A veces cuando quieres meditar, especialmente por las noches, puedes encontrar que te sientes estresado, cansado, y probablemente dolorido. Esto podría interferir con tu meditación, ya que estarás demasiado cansado para concentrarte en una cosa. Puedes tratar de calmar los dolores del día tomando una ducha caliente o sumergiéndote en una bañera. También puedes hacer un baño de pies para remover cualquier dolor que sientas. Una vez que tu cuerpo se relaja, puedes entonces comenzar tu rutina de meditación.

Evitar tomar y fumar antes de la meditación

Algunas actividades tales como tomar alcohol, fumar, y ver televisión podrían interferir con tu meditación y deberían evitarse si quieres sacar el mejor provecho de la meditación. Tomar y fumar enlentece los sentidos, mientras que mirar televisión revuelve tus emociones mientras te abordan diferentes escenas en poco tiempo. La meditación requiere tu completa concentración, y por eso, cualquier cosa que interfiera con eso debería evitarse.

No hay dudas de que la meditación es un maravilloso hábito para cultivar. Sin embargo, necesitas acompañarla con acciones en tu vida diaria. Puedes hacerlo:

1. Entendiendo la esencia de la meditación

   Como se ha dicho anteriormente, la meditación no es una moda pasajera; es un viaje que te guía hacia una consciencia más profunda. Sin embargo, como principiante tomará tiempo antes de que puedas entrar completamente en un nivel de consciencia profunda. Los yoguis y monjes son buenos alcanzando su conciencia profunda porque lo han hecho por años. Cuando tu viaje comience, no te preocupes por la calidad, solo disfruta los resultados. Y cuando la paz interior te envuelva, estarás más inclinado a continuar tu viaje.

2. Lee libros que te inspiren

   Todos pueden hacerlo con un poco de inspiración en sus vidas. Leer historias inspiradoras, detallando viajes espirituales podría permitirte ver dónde estás en tu propio viaje y donde planeas estar. Ver el éxito y felicidad de otros levanta tu espíritu y te coloca en un mejor marco mental para ver las cosas con claridad.

3. Cultiva hábitos de vida saludables

   Si hay algo que puede ayudarte a meditar mejor, es cultivar un estilo de vida saludable. Haciendo ejercicio, comiendo bien, y durmiendo lo suficiente, estarás preparando tu cuerpo y mente para la meditación. Serás capaz de permanecer sentado por mayores períodos de tiempo y tu mente estará lo suficientemente descansada para concentrarse en una cosa.

Conclusión

Se puede decir mucho sobre la meditación pero lo esencial para recordar es que no hay una sola manera correcta de meditar. Las muchas técnicas existentes dan fe de esto. Es por esta razón que deberías experimentar con las diferentes técnicas de meditación disponibles y tratar de ver cual funciona mejor para ti. Ten en mente que una técnica que funciona para un amigo o familiar puede no funcionar para ti. Sin embargo, cuando comiences tu viaje, empieza despacio e incrementa el tiempo gradualmente. Incrementar tu tiempo de meditación es como entrenar para una maratón. Un día comienzas con solo un minuto y el próximo incrementas la longitud en un minuto y medio y antes de que te des cuenta habrás cubierto los veinte minutos recomendados por expertos. Los beneficios de la meditación son suficientes para mantenerte interesado en este poderoso hábito. Abraza la meditación en tu vida diaria y déjala ayudarte para alcanzar la paz interior, encuentra felicidad interior real y libera tu verdadero potencial.

Finalmente, antes de que te vayas, quiero decir cálidamente "gracias" ¡desde lo profundo de mi corazón! Me he dado cuenta que hay muchos e-books en el mercado y tu decidiste comprar este, y por eso estaré eternamente agradecido. ¡Un millón de gracias por leer este libro completamente hasta el final!

Parte 2

Introducción

El concepto de meditación no es nuevo: podemos leer sobre ella en numerosas escrituras de la China y la India antiguas. Meditar es como entrenar la mente para sacar a la luz sus cualidades naturales de curación de diversas dolencias. La meditación puede curar diversos trastornos psicológicos, mentales y físicos; incluso cuando otras alternativas de la medicina tradicional fracasan. Nuestra mente es una máquina biológica y, por ende, también tiene sus limitaciones. Tenemos el instinto natural de buscar la felicidad y el placer en todo lo que nos rodea; cuando nuestro entorno no cumple nuestras expectativas, sentimos ansiedad y estrés. A la vez, es característico del ser humano que, ante una situación que le genera angustia, trate de volcar su malestar en otra persona a la que considera inferior. Por ejemplo, si tu jefe sufre maltrato por parte de su esposa durante la mañana, puede que intente volcar su tensión sobre tus hombros, maltratándote a ti. Aunque no podemos cambiar este instinto natural a todo ser humano, sí podemos sintonizar nuestra mente para aceptar amablemente las situaciones negativas. Entonces, ¿qué es la meditación y cómo nos puede resultar benéfica?

Meditar es una calma interna y un equilibrio mental. La meditación es una forma de transformar nuestra mente y llevarla a un nivel superior de tranquilidad. En el budismo, la meditación hace referencia a las prácticas y las técnicas que desarrollan la concentración, las emociones sanas, la claridad y la serenidad. Esencialmente, la meditación es el proceso por el cual nos concentramos en nuestra respiración mientras alejamos todo pensamiento de la mente.

Los beneficios de la meditación

Los cuantiosos beneficios dependen del nivel de meditación. Muchos de los yoguis y monjes budistas que han llegado a los niveles más elevados pueden sobrevivir adversas condiciones climáticas, como lasque se dan en zonas de gran altitud como el Himalaya. Estos maestros han alcanzado el zénit, llegando al nivel más elevado, y pueden hacer milagros con sus poderes de meditación. Los científicos han demostrado que la meditación es provechosa para mantenerse feliz, relajado y sereno. La meditación es de gran ayuda para manejar los niveles de depresión y ansiedad del ser humano. Las investigaciones han demostrado que una persona que medita por al menos 10-20 minutos a diario, puede lidiar con las tensiones y la ansiedad mucho mejor, en comparación con las demás personas. Uno de los mayores beneficios de la meditación es que nos ayuda a sintonizar nuestros chakras. Nuestro cuerpo está conformado por siete chakras, o círculos energéticos, ubicados en distintas partes de la columna vertebral, a los que se relaciona con los colores del arco iris. A continuación, se explican los chakras, sus efectos en el ser humano, y se indica a qué color se lo asocia. Los colores del arco iris son:

violeta, índigo, azul, verde, amarillo, anaranjado y rojo: esa misma secuencia se refleja en los chakras del cuerpo, que comienzan sobre la cabeza, con el color violeta. Estos son los siete 7 chakras y sus efectos en el cuerpo:

7. Chakra Corona (color violeta)

El séptimo chakra, o chakra Corona, se ubica en la parte superior de la cabeza y se conecta con elevados niveles de conciencia y espiritualidad. Sintonizar este chakra nos brinda una completa conciencia de nuestra identidad como psiquis en el universo. Quienes son capaces de sintonizar este chakra a los más altos niveles lideran el camino a la iluminación absoluta.

Los monjes y los yoguis hacen hincapié en este chakra porque es necesario para su iluminación y la conectividad de su psiquis. Cuando este chakra se encuentra desequilibrado, no se puede lograr un estado puro de iluminación y espiritualidad.

6. Chakra del tercer ojo (color índigo)

El sexto chakra se ubica entre los ojos y es el núcleo del conocimiento, donde se recopila la información y la intuición. Habrás oído hablar de gente que dice tener habilidades psíquicas. La razón por la cual poseen estas habilidades es que su sexto chakra está altamente sintonizado. El sexto chakra puede conectarnos con el más alto nivel de habilidades psíquicas, y nos permite sentir fenómenos extradimensionales.

Quienes han sintonizado el chakra del tercer ojo, sienten una fuerte conexión con su sabiduría interior y tienen confianza en sí mismos. Esto los lleva a hacer elecciones inteligentes. Si tu chakra del tercer ojo está desequilibrado, tendrás baja autoestima y desconfianza en tu vida.

5. Chakra de la garganta (color azul)

El quintochakra se encuentra en la garganta y es el responsable de la comunicación y la autoexpresión de un individuo. Quienes tienen el quintochakra altamente sintonizado, tienen la habilidad de comunicarse y expresarse a sí mismos ante otras personas de manera más efectiva. Estas personas también experimentan y cumplen sus sueños más fácilmente. Además, pueden comunicar sus emociones y pensamientos sin preocuparse por la opinión de los demás.

Cuando el quintochakra está desequilibrado, nos embarga un sentimiento de ansiedad y soledad; comenzamos a pensar demasiado antes de comunicarnos con otra persona, preocupándonos por cómo podría reaccionar. Si quieres expresar tus sentimientos e ideas con mayor precisión, deberás sintonizar tu quintochakra.

4. *Chakra del corazón (color verde)*

El cuartochakra se ubica entre las costillas, detrás del esternón y cerca del corazón. Este chakra se relaciona con la compasión y el amor. También conecta nuestro cuerpo espiritual con nuestro cuerpo físico, lo que nos permite aceptar y dar amor, devolviéndoselo al mundo en abundancia. Los yoguis y los monjes tienen un chakra del corazón altamente sintonizado, y es por eso que sientes afecto y compasión cuando estás cerca de ellos.

Si puedes sintonizar tu chakra del corazón, sentirás una profunda conexión con tus familiares y amigos, y podrás manejar tus relaciones personales más fácilmente. Tal como se ha mencionado, si sintonizas tu cuartochakra a través de la meditación, esto realmente te ayudará a mantener relaciones saludables con tus familiares y amigos. Podrás tomar decisiones más realistas en tu vida y, de esta manera, podrás lidiar con situaciones complicadas más fácilmente.

Cuando este chakra está desequilibrado, puede que desarrolles una sensación de egoísmo y aislamiento en tu mente. Por eso, sintonizar este chakra es necesario para alejar toda ansiedad y soledad de tu vida.

3. Chakra del plexo solar (color amarillo)

El tercer chakra se ubica en el plexo solar, entre el ombligo y el esternón, y controla la autoestima y la inteligencia. Quienes han sintonizado el tercerchakra son triunfadores que alcanzan todos sus objetivos y cumplen todos sus deseos. Si quieres tener confianza en ti mismo y lograr tus metas, debes sintonizar tu tercerchakra.

Cuando este chakra se encuentra desequilibrado, te sientes impotente y susceptible a la negatividad de las demás personas. Tu éxito depende en gran medida de la valoración positiva que tengas de ti mismo; por eso, debes sintonizar tu tercerchakra para aumentar tu autoestima e inteligencia y así alcanzar cada meta en tu vida.

2. Chakra sacro (color naranja)

Este chakra se ubica justo en el centro de gravedad del cuerpo (debajo del ombligo) y es el centro de las emociones relacionadas con la creatividad y el renacimiento. A la vez de ser nuestro centro de gravedad, el chakra sacro es nuestro centro de creatividad. Si tu chakra sacro está desequilibrado, sentirás una sensación de vacío en tu interior. Tu nivel de creatividad estará prácticamente paralizado, como si tuvieras un bloqueo mental.

Quienes han sintonizado el chakra sacro tienen alta energía creadora para escribir, componer música, emprender un negocio, o para contagiar felicidad a todos sus seres queridos. Sincronizar el chakra sacro es de gran ayuda para los artistas: escultores, pintores, escritores, cineastas o músicos, entre otros. Un chakra sacro sintonizado abre la puerta a una impresionante fuente de creatividad e imaginación para llevar a cabo cualquier proyecto.

1. Chakra de la raíz (color rojo)

El chakra de la raíz se ubica en el coxis, la base de la columna vertebral, y se relaciona con nuestro instinto de supervivencia y con la sensación de pertenencia a una familia o grupo humano. Habrás oído hablar de monjes que hacen cosas extraordinarias, como romper un inmenso cubo de hielo con la mano, caminar sobre brasas, balancear sus cuerpos apoyados en los dedos y otras destrezas más. La razón principal por la cual pueden realizar estos actos extraordinarios es que su chakra de la raíz está altamente sintonizado. Quienes tienen su chakra de la raíz sintonizado son fuertes, con sus instintos excelentemente desarrollados, poseen habilidades de liderazgo y confían en su poder de decisión.

Si tu chakra de la raíz está desequilibrado, sentirás una sensación de ansiedad y preocupación en tu interior. Equilibrar tu chakra de la raíz es necesario para mantener tu mente en un alto nivel de confianza y estabilidad.

Estos son los siete 7 chakras y sus efectos en el cuerpo y la mente. La meditación es la mejor manera de sintonizar estos chakras y sanar la mente de todo tipo de tensión.

Cómo meditar correctamente en 5 sencillos pasos

Meditar es una actividad muy fácil que cualquiera puede hacer en la comodidad de su hogar. Puedes meditar durante 15 a 30 minutos diariamente y en unos pocos días, verás los efectos que causa en tu cuerpo y tu mente. A continuación, se describen cinco sencillos pasos para meditar:

Paso 1: Encuentra un lugar y momento adecuados

Encontrar el lugar correcto para tu meditación es el primer paso para comenzar a meditar. El lugar que destines a meditar debe ser totalmente silencioso, sin ningún sonido. Puedes escoger cualquier espacio dentro o fuera de tu hogar, en donde puedas concentrarte completamente en tu meditación. Se recomienda que sea un sitio tranquilo, que normalmente no uses para otras actividades cotidianas. Debes mentalizarte de que solo vas a meditar en ese lugar en particular. Antes de acercarte a este lugar, aleja tus preocupaciones y tensiones, déjalas afuera, e ingresa a ese espacio con serenidad en tu interior. Esto te será de gran ayuda para concentrarte en tus sesiones de meditación.

Para obtener los mejores resultados, también es fundamental que escojas el mejor momento para la meditación. Los gurús de la meditación aconsejan meditar temprano en la mañana, porque nuestra mente se encuentra en un estado de relajación después del sueño. Otro buen momento para meditar es por la tarde, cuando al fin te has liberado de tus ocupaciones. No es aconsejable meditar antes de dormir, porque tu mente no se concentraría adecuadamente; en este caso, relacionaría la meditación con la sensación de sueño, y te estarías diciendo a ti mismo continuamente: "Voy a dormir en cuanto termine con esto". Sin embargo, si tú no estás durmiendo lo suficiente, la meditación será el mejor reemplazo para el sueño. A veces, puede ser incluso más revitalizante que dormir, ya que elimina las tensiones y la ansiedad.

Tu concentración es importante para lograr un nivel de meditación elevado que te permita sanar el estrés. Pídele a tus familiares y amigos que no te interrumpan mientras estés meditando. No lleves nunca tu laptop o teléfono celular al sitio en el que meditas. Puedes apagar tu dispositivo, o configurarlo en modo silencioso si se trata de una situación de urgencia. Si tienes hijos pequeños, escoge un momento en que estén dormidos, para evitar cualquier interferencia y así mantenerte concentrado. Al principio, un periodo de 10 a 20 minutos es suficiente; puedes incrementar el tiempo, según tus preferencias. Aun si solo meditas de 10 a 20 minutos por día, de seguro eso será suficiente para eliminar el estrés y las preocupaciones de tu mente.

Paso 2: Escoge la postura apropiada

La postura es fundamental para lograr una concentración adecuada al meditar. Si no estás habituado a permanecer sentado por mucho tiempo, deberás practicar por un rato, hasta que termines por acostumbrarte. Lo ideal es que no hagas demasiado énfasis en tu postura, sino que te concentres en tu respiración.

Puedes escoger cualquier postura, siempre que te resulte cómoda.

Sentado en el suelo

La postura principal para la meditación es sentarse en el suelo con las piernas cruzadas, las manos unidas en frente, sobre el regazo. Puedes sentarte sobre una manta o un tapete. La mayoría de los monjes y yoguis usan esta postura para meditar. A continuación, el método paso a paso para esta posición:

• Siéntate en el piso o sobre un tapete, con la pierna izquierda plegada frente a ti y la pierna derecha plegada sobre la izquierda. Puedes quedarte en esta posición por un rato antes de comenzar tu meditación. Luego, coloca las manos sobre tu regazo, con las palmas hacia arriba, y pon tu mano derecha sobre la izquierda. También puedes poner las dos manos sobre cada rodilla, haciendo un gesto de "Okey" con el pulgar y el anular.

- Al principio, cambia la posición de tus manos y tus piernas hasta encontrar la postura que te resulte cómoda, ya que requiere práctica. Luego, cierra los ojos e intenta concentrarte en tu respiración.
- Mantén la columna erguida y controla que tu cuerpo no esté inclinado hacia la izquierda o la derecha. Si lo está, relaja los músculos que te tuercen en esa dirección.
- Lleva tus hombros levemente hacia atrás y luego abajo, de manera que se forme un pequeño arco entre la zona media y la lumbar de la espalda. Contrae apenas el abdomen para que se relajen los músculos de la espalda.

Si no te sientes cómodo en esta posición, no continúes así; prueba posiciones que te resulten más confortables. No tenses la columna o el abdomen; eso puede hacerte daño.

Sentado en un banco o una silla

Algunas personas sufren de artritis, padecen de lesiones en las caderas o dolores articulares y les es difícil sentarse en el suelo en la posición común. Si tú eres una de esas personas, puedes meditar sentado en un banco de meditación de la siguiente manera: arrodíllate con las canillas en el suelo, coloca el banco sobre las pantorrillas y luego siéntate en él. También puedes usar una silla o sillón; hay algunos que cuentan con ajuste de posición, lo que puede ser de ayuda para que encuentres una postura que te resulte cómoda. Escoge un asiento con la altura apropiada, de manera que puedas reposar cómodamente. Puedes usar una silla de madera o cualquier otra que sea firme, con o sin cojín; lo importante es que estés cómodo y relajado. No uses cojines demasiado gruesos porque eso hará que te encorves.

Paso 3: Sintoniza tu estado mental

Tu estado mental es también de crucial importancia para que alcances un nivel de meditación más elevado que te permita sintonizar tus siete chakras y así convertirte en un ser humano completo y perfecto. Nuestra mente es un cúmulo de pensamientos y constantemente está pensando en las consecuencias de nuestros actos y en las actividades cotidianas. Nunca descansa; sigue trabajando aun en la noche, cuando dormimos. Al inicio de tus sesiones de meditación, notarás que aparecen numerosos pensamientos en tu mente y eso te dificulta concentrarte en tu respiración adecuadamente. Por esa razón, necesitas mucha práctica para alcanzar un nivel de meditación más elevado que te permita sintonizar tus chakras. Con tantos pensamientos llenando la mente, surgen preguntas internas que te distraen de la meditación. Debes trascender tu mente e intelecto hacia las vibraciones positivas para lograr los más altos niveles de meditación.

Para sintonizar tu mente apropiadamente, debes examinarla en detalle mientras meditas. Observa si tu mente se mantiene en armonía con tu respiración, o si pasas por altibajos emocionales persistentes. Si tu mente se mantiene armonía con tu respiración, puedes continuar con tu meditación. Meditar es concentrarse en la propia respiración y alejar de la mente las distracciones externas. Algunas personas encuentran que les resulta difícil mantenerse serenas y concentradas, y su mente se llena de pensamientos. Recuerda, una mala sesión de meditación no te traerá ningún beneficio; debes aprender a concentrarte correcta y efectivamente. Asegúrate de tener un ánimo positivo antes de ingresar a tu lugar de meditación, mentalízate de que solo te concentrarás en meditar y quita todas las preocupaciones y problemas de tu mente.

La mejor manera de sintonizar tu mente para la meditación es desarrollar actitudes de compasión, bondad, empatía y equidad hacia todos los seres vivos del mundo. A estas actitudes se las llama "Brahmaviharas" en sánscrito (un antiguo idioma hindú); "actitudes sublimes", en español. Debes poner en práctica estas actitudes sublimes para poder lograr altos niveles de sintonización de tu mente y así conseguir los mejores resultados en la meditación. Tal como se describió anteriormente, el ser humano instintivamente refleja su propia indignación y enojo en los demás, para mantenerse libre de tensiones. Pero esta no es una forma viable de vivir una vida serena; si vas a meditar profundamente, debes enterrar el resentimiento hacia otras personas producto de la interacción social diaria. La meditación es un camino para encontrar la paz y la felicidad sin lastimar a nadie. Al mismo tiempo, generas una nueva narrativa para tu vida: la de vivir una vida saludable y en paz.

La bondad y la equidad son las dos actitudes sublimes principales que contienen otras dos actitudes dentro de ellas: la compasión y la empatía. La bondad es una plegaria o deseo de verdadera felicidad, no solo para ti, sino también para los demás. La compasión es el sentimiento interno en el ser humano que se desarrolla a través de la bondad, cuando eres testigo del sufrimiento ajeno, o cuando presencias actos que pueden causar dolor. Estas actitudes sublimes también te ayudan a sintonizar tu chakra del corazón, que es el responsable de sostener y mantener buenas relaciones con amigos y familiares.

Ejercicio para desarrollar la bondad y la equidad

Antes de comenzar a meditar, intenta recordarte a ti mismo qué es la bondad y deséale felicidad a todas las personas que te rodean. Pídele a tu dios (cualquiera sea tu religión) que todos quienes te rodean tengan bondad y que creenpara sí mismos un grandioso sendero hacia la verdadera felicidad. Aun si has pasado por momentos amargos con algunos, trata de no sentir enojo o resentimiento hacia ellos; solo reza para que todos tengan bondad y verdadera felicidad. Puedes cantar algún mantra mientras rezas por ellos; eso te ayudará a seguir el camino de la bondad y la magnanimidad. Repite este mantra en tu mente antes de comenzar tu sesión de actitudes sublimes:

Por la gracia de Dios*,
y con la ayuda de mi intuición interna,

estoy aquí, permitiendo que todos mis resentimientos
y enojos se alejen,
y me llene de bondad y equidad.
Que Dios me brinde felicidad y bondad a mí
y a toda la gente conectada a mí.
Amen.

(Puedes reemplazar "dios" por otra divinidad o ser superior,
como Jesús: "Por la gracia de Jesús", etc.)

Repite las palabras de este mantra en tu cabeza, hasta que tu mente se estabilice y se desembarace de cualquier perturbación externa y de sentimientos negativos. Este mantra es ideal para llevar tu inconsciente a un alto nivel, para que puedas concentrarte en tu meditación apropiadamente.

Paso 4: Enfócate en tu respiración

Respirar correctamente es uno de los requisitos para conseguir un alto nivel de meditación y, por consiguiente, sanar tu mente y tu cuerpo del estrés. Los gurúes de la meditación ponen mucho énfasis en el proceso de la respiración y les piden a sus alumnos que aprendan a respirar para concentrarse correctamente. Cada persona se siente a gusto con un tipo de respiración diferente, y tú deberás encontrar el tuyo para convertirte en una persona experta en la meditación. Sigue estas sencillas sugerencias de respiración para obtener los mejores resultados en tu meditación:

1. **Encuentra un modo cómodo de respirar**: esto es indispensable para lograr niveles elevados de meditación y poder sintonizar tus chakras. Puedes comenzar tu sesión de meditación inspirando y espirando larga y profundamente un par de veces. Esto hará que tu cuerpo se energice y esté preparado para la sesión de meditación. Respirar profundamente es necesario en meditación y es similar a los ejercicios de elongación y calentamiento que hacemos antes de un entrenamiento. Debes prestar

atención a dónde sientes la respiración, en qué parte de tu cuerpo se encuentra la sensación. Siente la respiración cada vez que inspiras y espiras, y cambia en patrón de respiración, para escoger el modo más confortable para ti. Cuando encuentres un patrón que es particularmente cómodo para ti, continúa con ese, o sigue cambiando y buscando hasta que finalmente tengas un patrón de respiración propio.

2. **Mantente concentrado en cada inhalación y exhalación**: el siguiente paso, una vez que estás cómodo con un tipo de respiración, es seguirlo y concentrarte en él. Debes prestar la debida atención a tu respiración y no perder el patrón de respiración que te es cómodo. Mantén tu cuerpo y mente serenos durante la respiración, y no permitas que tus pensamientos divaguen. Para muchas personas es difícil sostener el mismo patrón de respiración; si esto te está sucediendo a ti, no te desanimes y sigue intentando. Si tienes problemas en concentrarte en

tu respiración, puedes recitar el mantra *Om*.

Paso 5: Alcanza un nivel de meditación superior

La meditación es la mejor manera de conectar tu cuerpo físico con tu ser psíquico eterno. Tu cuerpo también está presente en las dimensiones superiores en forma de vibraciones. Si aprendes a sintonizar tu cuerpo etéreo, podrás alcanzar el zénit de la meditación y sanar a tu cuerpo y tu alma de cualquier dolencia. ¿Sabes qué es la energía cósmica? La energía cósmica es la principal fuente de energía, que es esencial para el funcionamiento correcto de tu cuerpo y de tu mente. Es fundamental para mantener el orden en tu vida y expandir tu conciencia. Muchos yoguis y monjes del Himalaya han desbloqueado esta potente fuente de poder y bienestar, y pueden sobrevivir sin alimento ni bebida por varios días, incluso meses. Esto yoguis y monjes dicen usar la energía cósmica en beneficio de su cuerpo biológico. Estos hombres y mujeres elevados meditan a -50° F (-45° C) de temperatura, a miles de yardas (o metros) sobre el nivel del mar, y nunca se enferman.

Meditar da magníficos resultados en la curación de algunos males comunes, como la diabetes, el hipertiroidismo, alta presión sanguínea y muchos otros. Si logras un alto nivel de meditación, como esos yoguis y monjes, de seguro experimentarás el mayor potencial posible de tu ser biológico. Para sintonizar tu mente y tu psiquis a los más altos niveles de eternidad, debes alcanzar un estado de "no-pensamiento", llamado "Nirmal Sthiti" en sánscrito. Para lograr un estado de no-pensamiento, practica el paso anterior de respirar hasta encontrar tu patrón de respiración confortable. Cuando ya tienes tu patrón, concéntrate en respirar apropiadamente. Deberías lograr un nivel de concentración en el cual tu respiración sea mínima y se ubique como un destello entre tus cejas. Deberás liberarte por completo de cualquier distracción externa y de tus pensamientos en este estado de no-pensamiento; este es el estado más elevado de la meditación. Comenzarás a recibir energía cósmica cuando estés en este estado, y tus siete chakras estarán completamente equilibrados. No es fácil para las personas normales, como nosotros, alcanzar este estado; por eso, sigue intentado hasta que lo consigas. No te desanimes si fracasas al principio; sigue intentando.

Diferentes formas de meditar y sus beneficios

Existen varias maneras de meditar y puedes usarlas según tu conveniencia y tus necesidades. Como se describió anteriormente, puedes curar algunas enfermedades comunes a través de la meditación. Se conocen diferentes formas de meditar, cuyo uso depende de la causa y los efectos que deseemos lograr con la meditación. Pero hay también otras formas de meditar, que son las siguientes:

Meditación de sanación energética

Meditar tiene numerosas propiedades curativas, porque tú puedes enviar la energía cósmica a las partes de tu cuerpo en que hay dolencias. Durante la meditación sanadora, envías esa poderosa energía cósmica directamente a la zona que necesita ayuda. Cuando el flujo de energía en tu cuerpo es el apropiado, te mantienes saludable. Pero cuando el flujo de energía cósmica de tu cuerpo está bloqueado, habrá enfermedad o afecciones. Sigue estos simples pasos para la sanación energética:

1. Siéntate erguido y cierra los ojos.
2. Respira lenta y gradualmente, tal como se describe en la sección previa de este libro.
3. A medida que inhalas el aire fresco, siente que estás inspirando la fuerza de la energía cósmica a través del plexo solar. Imagina esta energía cósmica como la sanadora de todos los males que aquejan a tu cuerpo.
4. A medida que exhalas, dirige delicadamente esta fuerza aérea a la

zona afectada. Si no hay una zona específica, puedes difundirla por todo tu cuerpo.
5. Repite estos pasos por unos minutos para conseguir una sanación adecuada.

Meditación de mantra universal

Esta técnica de meditación proviene de un famoso libro indio llamado *Malini Vijaya Tantra*, que fue escrito hace 5.000 años. Esta meditación usa un mantra como objeto de concentración, en vez de la respiración. El mantra más usado para esta técnica es *Om*, que es una vibración primordial del universo y se conecta con nuestro ser espiritual. No se trata solo de pronunciar "Om", sino de estirar el sonido. Escucha audios de mantras para aprender a cantarlo. Si quieres, puedes cantar este mantra en voz alta, o repetirlo para tus adentros. Sigue estos simples pasos para la meditación de mantra universal:

1. Repite los pasos de respiración de la primera sección y luego canta el mantra *Om* silenciosamente.
2. Para lograr el éxito con esta técnica,

debes permitir que tu mente divague por un momento, antes de que se concentre afinadamente en el mantra. Aun cuando te estés enfocando en el mantra, no te esfuerces demasiado por concentrarte en él. Empeñarse demasiado en la concentración hará que tu mente descienda a las profundidades. Repite el mantra con un mínimo esfuerzo para darle tiempo a tu mente a recorrer el hiperespacio por un rato.

3. Resiste la tentación de lograr algo y deja que el mantra lo haga por ti.

Meditación de relajación

La meditación de relajación es una de las más antiguas formas de meditar y es de gran ayuda para relajar tu cuerpo y mente y librarlos de las distracciones externas. Sigue estos simples pasos para la meditación de relajación:

1. Siéntate cómodamente con la columna erguida.
2. Deja que tus ojos descansen cómodamente hacia abajo, mirando sin

fijar la vista en nada en particular.
3. No cierres los ojos y deja que los párpados caigan de la manera más confortable posible.
4. Continua con la mirada hacia abajo. Notarás que tu respiración se torna más centrada y rítmica.
5. Está bien que permitas que tu atención se vaya a la deriva, por un tiempo. No esfuerces los ojos y dejalos descansar si no te sientes cómodo. Si sientes los ojospesados, ciérralos por unos minutos. Trata de mantenerte en ese estado de relajación.

Conclusión

La meditación es la mejor manera de desestresar la mente y el cuerpo, y no tiene efectos adversos. Mucha gente, a lo largo y ancho del mundo, usa la meditación como una manera de conectar su ser biológico con su ser espiritual. Los yoguis y monjes consiguen un elevado estado de meditación y están totalmente libres del mundo de la tensión y el estrés. Tú también puedes meditar como medio para iluminar tu Yo interior y alcanzar el zénit de la bondad y el bienestar.

Este libro te ha brindado conocimientos básicos acerca de la meditación y sus diversas técnicas. Si no te sientes bien mientras intentas alguna técnica de meditación, debes consultar con tu médico de cabecera. Sin embargo, la meditación no trae ningún efecto secundario. Es la mejor manera de sanar enfermedades crónicas como dolores, tensiones, sinusitis, insomnio, entre otras. Prueba con meditación si estás padeciendo algunas de estas dolencias. La meditación también es de gran ayuda para paliar enfermedades degenerativas como la diabetes, el hipo o hipertiroidismo, o la hipertensión. He conocido a varios monjes, provenientes de diferentes partes del mundo, que anteriormente padecían alguna de estas enfermedades. Ahora, luego de aplicar profundas técnicas de meditación, los síntomas de estas dolencias prácticamente han desaparecido y se ven saludables y lucen más jóvenes que otras personas de su edad. Por todo esto, medita a diario para brindarle a todo el mundo tu amor y compasión, a la vez que te sanas a ti mismo del estrés y la ansiedad.

www.ingramcontent.com/pod-product-compliance
Lightning Source LLC
Chambersburg PA
CBHW071913070526
44583CB00016B/1964